내가 뉴스를 만든다면?

글 손석춘

신문 기자와 논설위원을 거쳐 대학으로 옮겨 언론학 교수로 학생들을 가르치고 있습니다. 한국언론상, 한국기자상, 민주언론상, 통일언론상, 안종필자유언론상을 수상했습니다.
쓴 책으로《어른의 교양》《신문 읽기의 혁명》《새 길을 연 사람들》《사람은 왜 그림을 그리고 노래를 부리고 시를 쓸까》 등이 있습니다.

그림 이갑규

오랫동안 어린이 책에 그림을 그렸습니다. 유쾌하고 아이디어가 반짝이는 그림책을 만들고자 꾸준히 노력하고 있습니다.
쓰고 그린 책《진짜 코 파는 이야기》로 55회 한국출판문화상을 수상했습니다. 그린 책으로《방방이》《어린이를 위한 그릿》《변신돼지》《소문 바이러스》《여우비빔밥》《남자와 여자를 배우는 책》《장갑나무》 등이 있습니다.

토토 사회 놀이터

토토 사회 놀이터는 교과서 속 사회 지식을 재미있게 풀어낸 그림책 시리즈입니다. 초등학교 저학년 어린이들이 사회와 친해지고 스스로 정치와 경제, 법 등을 탐구하여 사회 전체의 흐름을 파악할 수 있도록 쉽고 재미있게 구성되어 있습니다.
토토 사회 놀이터에서는 사회도 놀이가 됩니다.

내가 뉴스를 만든다면?

교과서 속 사회 지식을 쉽고 재미있게 배워요!

글 손석춘
그림 이갑규

오오북

차례

나만의 뉴스를 만드는 방법 · 6

1단계

세상과 만나기

뉴스 제대로 알기 · 10
- 별별 뉴스 전달법 · 12

세상에 관심 갖기 · 14

뉴스거리 찾기 · 16
- 뉴스 찾기 실전편 · 18

2단계

뉴스 취재하기

사건 현장 찾아가기 · 22
소식통 확인하기 · 24
뉴스 직접 기획하기 · 26
뉴스 생생하게 살리기 · 29
취재의 기본, 인터뷰하기 · 30
- 뉴스 취재하기 실전편 · 32

3단계
모두에게 알리기

보도 매체 결정하기	·36
뉴스 기사 쓰기	·38
기사 다듬기	·40
• 교열 기자 홍교정의 우리말 특강	·42
• 신문 1면은 어떻게 구성할까?	·44
• 신문을 만드는 사람들	·45
• TV 뉴스는 어떻게 만들어질까?	·46
• 세상에 이런 별별 미디어	·48

4단계
만든 뉴스 새겨보기

뉴스 반응 살피기	·52
뉴스를 만드는 시각 짚기	·54
• 뉴스의 힘을 보여 준 별별 사건	·56

모든 준비는 끝났다!	·60
| 슬기가 만든 우듬지 |	
내가 만든 뉴스를 소개합니다!	·62
한눈에 보는 뉴스 만들기	·64
용어 설명	·66

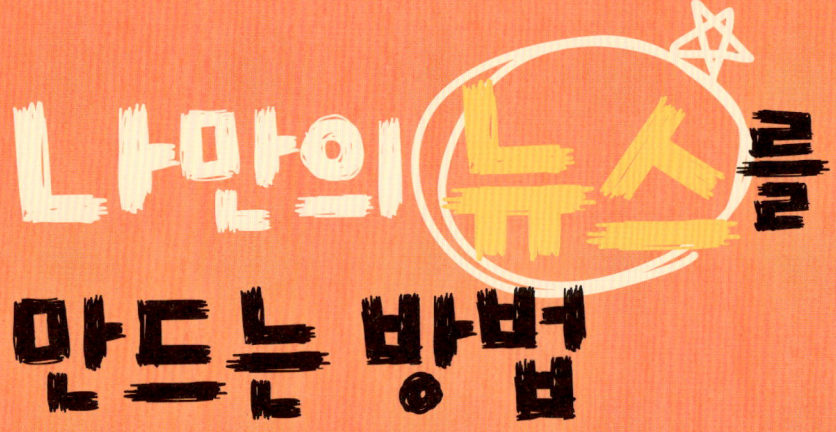

나만의 뉴스를 만드는 방법

아빠는 내 말보다 텔레비전 속 뉴스 앵커의 말에 귀 기울여요.
엄마는 내 눈 대신 스마트폰 속 세상만 들여다보고요.
엄마 아빠에게 하고 싶은 이야기가 너무 많은데 말이에요.
그렇다면 내가 엄마 아빠를 사로잡을 뉴스를 만들어 봐야겠어요.
이왕이면 온 세상을 떠들썩하게 만들 뉴스로요!

어린이가 무슨 뉴스를 만드냐고요?
아니에요! 우리가 살아가면서 겪는 모든 일들이 뉴스가 될 수 있대요.

아주 먼먼 옛날, 사람들은 동굴 벽에 그림을 남겼어요.
'아무개네 집에 아이가 태어났으니 다 함께 춤을 춥시다.'
'사냥을 나갔던 사람들이 모두 무사히 돌아왔답니다.'
사람들에게 중요한 정보와 새로운 소식을 전해 주기 위해서요.
그게 바로 뉴스예요!
우리도 함께 뉴스에 대해 알아보고, 직접 뉴스를 만들어 봐요.
우리들의 이야기 중에 적당한 기삿거리를 골라 볼까요?
과연 어떤 뉴스가 온 세상을 떠들썩하게 만들 수 있을까요?

1 세상과 만나기!

뉴스는 세상 여기저기서 일어나는 새로운 이야기예요. 세상에는 날마다 놀랍고 황당하고 감동적인 소식들이 생겨나지요. 세상에 관심을 가지면 뉴스를 만들 수 있는 힘이 솟아요.

2 취재 나서기!

새 소식을 뉴스로 만들려면 무엇보다 자세히 알아야 해요. 직접 현장을 찾거나 관계자에게 물어서 정확한 내용을 조사하고 정리해야 하지요. 또 그 안에 담긴 중요한 의미도 찾아내야 해요.

3 모두에게 알리기!

뉴스 기사를 완성했다면 어떤 매체를 통해 내보낼지 정해야 해요. 그에 따라 뉴스 형식이 달라지니까요.

4 사람들의 반응 살피기!

뉴스를 내보냈다고 할 일을 다한 게 아니에요. 뉴스를 본 사람들의 반응을 살피고, 정확하고 공정하게 뉴스를 전달했는지 살펴야 해요.

1단계 세상과 만나기

새로운 소식이란 무엇일까요?
우리가 원시 시대에 살고 있다고 생각해 봐요.
식량을 찾아 여기저기 떠돌며 살았던 시절을요.
씨족을 이끌고 먹을 것을 찾아 이동하는데
눈앞에 큰 언덕이나 산이 나타난다면 어떨까요?
언덕 너머에 위험한 맹수가 있는 건 아닌지 불안하겠죠?
무리 중에 누군가가 먼저 높은 곳에 올라가
주변을 살펴본 뒤에 어디로 갈지 결정했을 거예요.
이때 보이지 않는 언덕 너머에 있던 '새로운 소식'이 바로 뉴스예요.
또 높은 곳에 올라가 보이지 않는 곳을 관찰하고
무엇이 있는지 알려 준 사람은 오늘날로 치면 '기자'지요.
그러니 우리도 사람들에게 뉴스를 전해 줄 수 있어요!
자, 우리 주변에 어떤 새로운 일들이 벌어지는지부터 살펴볼까요?

뉴스 제대로 알기

세상은 매일매일 새로운 소식으로 가득해요. 하지만 새로운 소식이 모두 뉴스가 될 순 없답니다. 왜냐고요? 뉴스는 많은 사람들의 관심을 끌어야 하거든요. 지금부터 뉴스에 대해 차근차근 알아볼까요?

뉴스는 새로워야 해요!

날마다 일어나는 일, 이를테면 해가 뜨고 지고, 학교에 가고 집에 오는 일은 뉴스가 될 수 없어요. 많은 사람들이 이미 알고 있고, 하고 있는 일이니까요.

하지만 일식 현상이 일어나서 달이 태양을 가리거나, 위험한 전염병이 퍼지고 있다면 '새로운 일'이니까 뉴스가 되는 거예요. 또 나에게는 새롭지만 다른 사람에게 크게 중요하지 않은 일이라면 널리 뉴스로 알릴 필요가 없겠지요?

뉴스는 빠르고 정확해야 해요!

뉴스는 사람들이 알아야 할 새로운 사실을 빠르고 정확하게 전달해야 해요. 2015년에 열과 기침, 호흡 곤란을 일으키는 전염병 중동호흡기증후군(MERS)이 전국에 퍼진 적이 있어요. 의심 환자가 처음 나왔을 때, 정부의 대응이 늦은 것은 물론, 뉴스 보도에도 허점이 많았어요. 환자가 어느 지역에 있으며, 어느 병원을 다녔는지 신속하게 알려야 했는데, 그러지 못했으니까요. 이렇게 알려야 할 뉴스를 빠르고 정확하게 전달하지 않으면 혼란을 부채질하고, 사회에 큰 피해를 줄 수 있어요.

뉴스는 궁금해야 해요!

뉴스는 사람들에게 중요한 일로 흥미를 일으켜야 해요. '지구 온난화'를 예로 들어 볼까요? 지구 온난화란 지구 표면의 평균 온도가 올라가 생태계를 위협하는 환경 문제예요. 우리가 사용하는 석유, 석탄 같은 화석 연료에서 지구 표면 온도를 높이는 온실가스가 발생하기 때문이에요. 지구 평균 기온이 점점 오르면 이상 기온 현상으로 가뭄, 폭설, 태풍 같은 자연재해의 피해가 더욱 커져요. 게다가 사막화가 빨라지고 빙하가 녹아내려 생태계 파괴를 가져오지요. 그런데 많은 사람들이 아직까지 지구 온난화에 무관심해요. 당장 살아가는 데 큰 불편을 느끼지 못하기 때문이에요. 그래서 사람들의 관심을 자아내려고 빙하가 녹아서 북극곰이 멸종 위기를 맞는다거나 투발루, 몰디브 같은 섬나라들이 바다 속에 잠기고 있다고 알려 지구 온난화를 경고하지요.

동서남북에서 모인 소식

뉴스(NEWS)가 북(North), 동(East), 서(West), 남(South)을 뜻하는 영어 단어들의 머리글자를 따서 만든 말이라고요? 땡! 그럴듯하게 들리지만 아니랍니다.
새로운 것을 뜻하는 영어 단어 'NEW'의 복수 형태에서 비롯됐어요. 말 그대로 '새로운 사실이나 소식이 여러 개'라는 뜻이랍니다.

별별 뉴스 전달법

스마트폰도 없고 텔레비전도, 자동차도 없던 시절에는 어떻게 사람들에게 뉴스를 전했을까요?

발 빠른 메신저

기원전 490년경 그리스 아테네군과 페르시아군이 마라톤 평야에서 전투를 벌였어요. 아테네군이 승리하자 페이디피데스는 기쁜 승전 소식을 전하기 위해 40여 킬로미터를 쉬지 않고 달렸고, 도착하자마자 힘이 다해 죽고 말았지요. 그를 기려 마라톤 경기가 생겨났답니다.

돌과 철판에 새기기

기원전 59년 고대 로마에서는 처음으로 뉴스를 글로 전했어요. 최초의 신문 '악타 디우르나'를 만든 것이죠. 정치 회의 내용이나 재판 결과, 유명인의 결혼이나 사망 같은 소식을 돌이나 금속판에 새겨 사람들이 많이 모이는 광장에 게시했어요.

연기를 피워라!

조선 시대에는 전국에 봉수대를 세웠어요. 높은 산꼭대기에 불을 피워서 연기나 불빛으로 나라의 긴급한 소식이나 적군의 침입을 알렸어요. 또 여러 사람이 교대하여 걷거나 말을 타고 먼 곳까지 신속하게 소식을 전하는 파발 제도도 있었답니다.

종이의 발명, 인쇄술의 발전!

105년경 중국에서 종이가 발명된 뒤, 사람들은 종이에 소식을 직접 써서 전했어요. 그러나 일일이 손으로 써야 했기 때문에 많은 정보를 널리 전하는 데 어려움이 많았어요. 그래서 나무나 금속에 글자를 새겨 종이에 찍는 인쇄술이 발달하게 되었지요. 인쇄술의 발달은 책과 신문이 널리 보급되는 데 큰 역할을 했고, 사람들은 이전보다 훨씬 쉽게 뉴스와 지식을 접할 수 있게 됐어요.

종알종알 수다 뉴스

사람들이 많이 모이는 장소에서는 자연스레 뉴스가 생겨나고 퍼져요. 유럽에 커피가 처음 들어온 이후 오늘날의 카페 같은 커피하우스가 생겨났는데, 사업가, 언론인, 정치인 등 다양한 직업을 가진 말하기 좋아하는 남자들이 자주 드나들었답니다. 당연히 세상의 온갖 소식들도 함께요. (커피하우스에 여자들은 드나들 수 없었다지 뭐예요!)

또 또도도도 모스 부호

모스 부호는 점과 선을 섞어서 문자나 기호를 나타내는 거예요. 뉴스와 정보를 전파로 바꾸어서 아주 빠르게 보낼 수 있어요. 미국의 새뮤얼 모스가 발명해서 '모스 부호'라고 부르지요. 우리나라에서는 '전보'라는 이름으로 1960~70년대에 많이 쓰였어요.

발 없는 말이 천 리 간다

우리가 주고받는 말은 발이 없지만 천 리 밖까지도 순식간에 퍼진다는 뜻을 가진 속담이에요. 아주 흥미로운 뉴스일수록 퍼지는 속도도 엄청 빠르답니다!

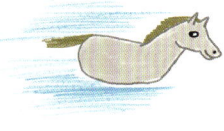

세상에 관심 갖기

뉴스는 우리 주변 사람들이 살아가는 이야기예요. 세상에 관심을 가질수록 많은 뉴스를 들을 수 있어요. 이를 통해 세상을 바로 보는 힘을 키울 수 있지요. 멋진 뉴스를 만들고 싶다면 세상을 보다 잘 알아야 해요.

세상과 나를 이어 주는 뉴스!

우리는 하루에 얼마나 많은 대화를 나눌까요? 아침에 눈떠서 잠들기까지 가족, 친구, 선생님 등과 끊임없이 이야기를 나누지 않나요? 이처럼 사람은 계속해서 다른 사람과 대화하고 영향을 주고받으면서 살아가요. 그래서 사람을 '사회적 동물'이라고도 하지요.

그런데 우리는 세상과도 대화를 주고받고 있답니다. 바로 뉴스를 통해서요! 뉴스는 우리에게 매일 새로운 소식을 알려 주고, 새로운 정보로 우리의 생각과 행동을 변화시켜요. 날씨 뉴스를 보고 우산을 미리 챙겨 나가는 것처럼요. 이처럼 세상과 대화를 많이 나눌수록 세상을 더 많이 이해할 수 있답니다.

세상을 향해 더듬이를 세워요!

곤충에게 더듬이는 생명을 지키는 데 꼭 필요해요. 더듬이로 먹이의 냄새를 맡고, 주변 온도를 파악하고, 길을 찾으니까요. 사람은 세상을 살아가려면 자연환경뿐 아니라 사회 환경도 알아야 해요. 미국이나 중국 경제가 나빠지면, 두 지역으로 수출을 많이 하는 우리나라 경제도 어려워져요. 그렇게 되면 아빠가 다니는 회사도 어려워질지 몰라요.

그래서 우리도 '더듬이'를 세우고 뉴스를 수집합니다. 뉴스는 사람이 가진 감각 가운데 하나라고 할 수 있어요. 한 사람 한 사람이 가진 감각을 뛰어넘는다는 점에서 '사회적 감각'이라고도 하지요. 그러니까 뉴스는 사람의 눈과 귀가 닿지 않는 곳을 알려 주는 사회적 더듬이예요.

세상을 보는 다양한 시각을 길러요

한 사건을 두고 다른 시선으로 보도하는 뉴스들을 유심히 보는 게 좋아요. 사회 문제는 다양하고 복잡한 이유로 생겨나거든요. 그래서 다각도로 생각해 보는 힘이 필요하지요. 여러 관점의 뉴스를 보다 보면 세상을 바라보는 힘이 길러져요. 다양한 문제들을 공정하게 보는 눈이 있어야 좋은 뉴스를 만들 수 있어요.

뉴스거리 찾기

여러분은 어떤 뉴스를 만들고 싶은가요? 재밌는 뉴스? 놀라운 뉴스? 충격적인 뉴스? 그러나 뉴스에는 꼭 담아야 할 가치가 있어요. 뉴스로서 지켜야 할 것들이 있거든요. 아래 주의 사항을 생각하며 취재하고 싶은 뉴스들을 생각해 봐요!

뉴스에 무엇을 담아야 할까?

매일매일 변하는 날씨는 물론이고 정치, 경제, 사회, 문화계에서 벌어지는 일들 하나하나가 우리 생활에 큰 영향을 끼친답니다. 당연히 이러한 소식들을 뉴스로 알리는 게 좋겠지요? 정치인들이 권력을 멋대로 휘두르는 것을 감시하고, 물가가 들썩이면 우리 생활이 어떻게 변화하는지 살필 수 있게 말이에요. 뉴스가 부정적인 소식만 전하는 것은 아니에요. 좋은 소식도 전해야지요. 이를테면 복지와 교육 제도가 잘 발달한 나라들의 훌륭한 사례 같은 것 말예요.

관심 폭발 뉴스로 만들기!

세계 곳곳에서 일어나는 수많은 사건들 중에 어떤 것을 뉴스로 만들면 좋을까요? 전문가들은 뉴스에 영향력, 신속성, 유명 인물이나 사건, 흥미, 갈등 요소를 담아야 한다고 말해요.

그중에서 가장 중요한 것은 영향력이에요. 많은 사람들에게 영향을 끼치는 사건은 뉴스 가치가 높을 수밖에 없어요. 지금 일어나고 있는 일이 사람들의 삶에 직접 영향을 주니까요. 유명 인물이나 사건, 흥미도 마찬가지이지요. 유명한 사람에게 일어나는 일은 영향력이 크고 사람들의 눈과 귀를 빠르게 끌어모으거든요.

'미국 대통령에 누가 당선되느냐'가 '몰디브 대통령에 누가 당선되느냐'보다 중요한 뉴스가 되는 이유도 세계적인 영향력 때문이라 할 수 있어요. 많은 사람들의 관심을 끄는 뉴스를 만들려면 영향력이 큰 사건을 흥미롭게 구성하는 게 좋겠죠?

뉴스 찾기 실전편

여러분은 어떤 뉴스를 만들고 싶나요? 다음은 실제 보도되어 사람들을 사로잡았던 흥미진진한 뉴스들이랍니다.

오락성 우스워서 즐거운 뉴스

2016년 올해 '세상에서 제일 못생긴 개' 스위피!

치와와 차이니즈 크레스티드 잡종견 '스위피 람보'가 2016년 '세상에서 가장 못생긴 개'로 뽑히는 '영광'을 얻었다. 24일 미국 캘리포니아주에서 '세상에서 가장 못생긴 개 선발 대회'가 열린 가운데 스위피(17)가 우승견 타이틀을 얻었다. 스위피는 총 3번 출전 끝에 처음 우승을 차지한 것으로 알려졌다. 주인 제이슨 월츠는……

정보성 새로운 사실을 알려 주는 알찬 뉴스

빌 게이츠, 21세기 최초로 개인 자산 100조 원 돌파!

세계 최대 부호로 알려진 빌 게이츠(61) 마이크로소프트(MS) 창업자의 개인 자산이 우리 돈 100조 원을 넘긴 것으로 집계됐다. 한 개인의 명의로 된 자산이 100조 원을 돌파한 건 21세기 이후 최초다. 블룸버그에 따르면 지난 19일(현지 시각) 게이츠의 자산은 900억 달러(100조 6290억 원)를 찍었다. 이는 자산 기준 2위인 스페인의 아만시오 오르테가(80) 자라(ZARA) 회장을 135억 달러(15조 원) 격차로 밀어낸 수준이다. ……

시사성 세상 보는 눈이 뜨이는 뉴스

광화문 100만 촛불 시위
평화적인 민주주의의 상징(2016.11.12.)

100만 개의 촛불이 지난 주말 광화문 광장을 환하게 밝혔다. 지난 12일 박근혜 대통령의 퇴진을 요구하는 주말 촛불 시위가 100만 명(주최측 추산, 경찰 추산 26만 명)이 모인 가운데 평화롭게 마무리됐다. 2008년 미국산 쇠고기 수입 반대 집회 때 70만 명(경찰 추산 8만 명)을 훌쩍 넘긴 사상 최대 규모 집회였지만 부상자도 없고 연행자도 없었다. 이에 해외 언론에서도……

휴머니즘 가슴 찡한 감동을 전하는 뉴스

60년간 꽃 배달을 부탁한 소년

세상을 떠나기 직전까지 누구보다 엄마를 사랑했던 어린 소년의 이야기가 세계인에게 먹먹한 감동을 전했다. 2016년 7월, 어느 꽃집에 11살가량으로 보이는 창백한 얼굴의 소년이 찾아왔다. 예쁜 꽃들을 한참 바라보던 소년은 주인에게 "앞으로 60년 동안 매년 엄마 생일에 선물할 꽃을 미리 주문하고 싶어요."라고 말하며……

사람들에게 꼭 알리고 싶은 뉴스 주제를
떠올려 보고 취재 계획을 적어 봐요!

> 나는 우리 학교 1학기 전교 회장 선거를 취재해야지.

취재원	토토초등학교 4학년 1반 이슬기
취재할 주제	토토초등학교 1학기 전교 회장 선거
사전 조사 내용	• 전교 회장 선거 후보별 지지율 조사 • 후보들의 공약 조사
사전 조사 방법	후보 인터뷰 전교생 대상 지지율 설문 조사
인터뷰 대상	전교 회장 선거 후보자
인터뷰 질문	후보자(1번 손나눔, 2번 우주먹, 3번 도하라) • 우리 학교를 어떤 학교로 만들고 싶습니까? • 현재 우리 학교의 문제점은 무엇입니까? • 이런 공약을 세운 이유는 무엇입니까?
촬영 장면	한자리에 모여 인터뷰하는 후보자들 모습
인터뷰 시간 및 장소	2018년 3월 5일 3시, 시청각실
준비물	필기도구, 스마트폰(촬영용)
기타	간단한 음료

2단계
뉴스 취재하기

뉴스는 세상 어디에나 있어요.
주변 모든 것이 취잿거리가 될 수 있지요.
뉴스를 만들려면, 새로운 소식을 찾아다니는 것도 필요하지만
남다른 눈으로 사건을 깊이 파헤치려는 자세도 필요하답니다.
예를 들어 소·돼지에게 치명적인 구제역이 퍼졌다고 할 때,
사육하는 소와 돼지들이 죽는 피해 말고도
'사회 여러 분야에 어떤 영향을 미칠까?'
하고 의문을 품어 보는 거예요.
어때요? 취재하고 싶은 뉴스들이 머릿속에 그려지나요?
그렇다면 구체적인 취재 계획을 짜야 해요.
취재 전에 미리 조사해야 할 내용들을 살피고,
사전 조사 때 활용할 수 있는 방법을 알아보면 좋겠지요.
물론 취재하려는 뉴스의 성격에 맞게 효과적인 취재 방법들이 따로 있답니다!
그럼 이제 뉴스를 취재하러 나가 볼까요?
물론 취재 수첩도 잘 챙겼겠지요?

사건 현장 찾아가기

지금 벌어지고 있는 자연재해나 사건을 뉴스로 담고 싶다면 현장으로 얼른 달려가야 해요! 사건이 끝나고 사람들의 기억에 사라진 뒤에 뉴스로 내보낸다면 아무 소용이 없으니까요.

지금 일어나고 있는 사건 찾기

뉴스를 만들 때 가장 먼저 해야 하는 것은 '지금 무엇이 일어나고 있는가?'를 찾는 거예요. 지금 무엇이 일어나고 있는가를 알려면 사건이 벌어지는 현장을 찾아다녀야 하지요. 그래서 기자들은 큰불이 난 현장, 대형 교통사고가 일어난 현장, 대통령이 중요한 정책을 발표하는 기자 회견 현장, 끔찍한 범죄가 벌어지는 현장처럼 사건·사고가 벌어진 곳을 부리나케 찾아다닌답니다.

뉴스 속보? 뉴스 특보?

태풍이나 폭설처럼 위력이 대단한 자연재해나 대형 사고 같은 큰 사건이 일어났을 때 사람들에게 신속히 알리는 뉴스를 '속보'라고 해요. 속보는 사건을 실시간으로 전하기 때문에 중요한 사항만 간략하게 전달하지요. 또 TV 뉴스에서는 정규 프로그램을 중단하고 특별 편성하여 실시간으로 상황을 전달하는 '특보'를 내보내요.

직접 현장으로 달려가기

기자들 사이에 "발로 뛴 만큼 뉴스가 나온다."라는 말이 있어요. 실제로 현장 여기저기를 다니는 만큼 뉴스거리도 많이 찾아낼 수 있지요. 이를테면 경찰서 같은 곳이요. 특히 사회부 신입 기자가 되면 날마다 아침 일찍 경찰서로 출근을 해요. 경찰서에는 그 지역의 모든 사건·사고 소식이 들어오기 때문이지요. 경찰관이 신고를 받고 출동할 때 기자들도 함께 나가 취재를 하기도 해요.

소식통 확인하기

친구들 사이에서도 그 아이만 통하면 다른 친구들의 사정을 두루 알 수 있는 소식통이 있지 않나요? 뉴스도 마찬가지예요. 직접 새로운 소식을 찾으러 다니지 않아도 알려 주는 소식통들이 있어요.

출입처 방문하기

뉴스 가치가 높은 일들이 자주 생겨서 기자들이 일정하게 드나드는 곳을 '출입처'라고 해요. 나랏일을 다루는 국회, 법원, 행정부, 청와대 같은 정부 기관을 비롯해 사건·사고를 빠르게 접할 수 있는 경찰서, 경제 뉴스를 손쉽게 취재할 수 있는 대기업 등이 있어요. 출입처에서는 매일 쏟아지는 뉴스거리를 정리해서 기자들에게 자료로 제공한답니다.

하지만 기자 한 명이 매일 여러 출입처를 다닐 수 없기 때문에 보통 신문사나 방송국에서는 각 취재 영역을 정해 뉴스를 취재해요. 정치부, 경제부, 사회부, 문화부, 체육부 등으로 기자단을 나누어 운영하지요.

해외 소식 확인하기

또 세계 곳곳에서 뉴스를 취재하는 특파원을 이용할 수 있어요. 특파원들은 해외 여러 나라의 주요 도시에 머물면서 그 나라와 주변 국가에서 일어난 중요한 사건들을 취재해 국내에 전달해요. 우리나라 신문사나 방송사들은 주로 미국 워싱턴, 중국 베이징, 일본 도쿄, 프랑스 파리 등에 특파원을 두고 뉴스를 전하지요. 반대로 해외 언론사도 우리나라에 특파원을 두고 매일 일어나는 사건·사고를 취재하고 보도하기도 한답니다.

뉴스 사기

날마다 새로운 소식이 여러 분야에서 쏟아져요. 그러나 언론사마다 취재를 담당할 기자는 한정되어 있어요. 특파원을 늘리고 취재 기자를 더 많이 고용하면 좋겠지만 그러면 언론사 경영이 어려워질 수도 있겠지요.

그래서 언론사들은 통신사를 이용하기도 해요. 통신사는 지구촌 곳곳에 독자적인 취재 조직을 가지고 수집한 뉴스를 세계의 언론사에 판매하는 기관이에요. 대표적인 곳으로 미국 AP통신, 영국 로이터, 프랑스 AFP, 일본 교도 통신 등이 있어요. 그러나 인터넷과 소셜 네트워크 서비스(SNS)의 발달로 통신사의 영향력과 중요성은 줄어들고 있어요.

> **언론**
> 매체를 통해 사람들에게 어떤 사실을 알리는 역할을 하는 단체와 기관이에요. 신문사, 방송사, 잡지사, 출판사 등이 있지요.

슬기 뉴스 2 해외 소식 취재

뉴스 직접 기획하기

생생한 뉴스를 위해 사건 현장을 찾아다니느라 지쳤나요? 그렇다면 내가 직접 뉴스를 만들어 보는 건 어때요? 지금 주목하고 있는 사건·사고를 찾아 조사하고 분석하면서 사회 현상을 파악해 설득력 있는 뉴스로 꾸며 봐요.

뉴스에서 의미 찾기

2008년 제44대 미국 대통령으로 버락 오바마가 당선됐다는 뉴스가 전해졌을 때 온 세계가 놀랐어요. 새 대통령이 등장했다는 사실 그 자체도 흥미롭지만, 처음으로 흑인이 대통령이 됐기 때문이에요. 미국 역사에서 아주 뜻깊은 일이었지요.

미국처럼 국제적인 영향력이 큰 나라일수록 대표자가 바뀌는 일에 세계가 주목해요. 누가 대통령이 되느냐에 따라 정책 방향이 달라지고, 경제·문화적으로도 큰 영향을 주거든요.

이와 같이 사건에 담긴 의미를 밝혀내는 것도 뉴스가 된답니다. 눈에 보이는

사실을 정확하고 빠르게 알리는 것 말고도 그것이 뜻하는 바를 전하는 일 역시 뉴스를 만드는 사람이 마땅히 해야 해요.

컴퓨터로 취재하기

꼭 발로 뛰는 취재를 고집할 필요는 없어요. 컴퓨터와 인터넷으로 취재하는 방법도 있으니까요. 바로 컴퓨터 활용 취재 보도예요. 많은 자료를 수집한 후 통계적으로 분석해 뉴스를 보도하는 취재법이지요. 인터넷에 접속할 수만 있다면 얼마든지 세계 여러 나라에서 발표하는 정부 보고서와 자료들을 볼 수 있거든요. 세계 식량 위기를 취재하려면, 국제연합식량농업기구(FAO) 홈페이지에 들어가서 자료들을 구해 분석할 수 있어요. 우리나라 정부 기관이나 연구 기관 사이트도 마찬가지예요. 그러니까 스마트폰만 있으면 얼마든지 기획 취잿거리를 구상하고 준비할 수도 있지요.

최초로 컴퓨터 활용 취재를 한 뉴스!

1952년 미국 대선 결과를 예측한 뉴스였어요! 초창기 컴퓨터 '유니박'을 이용한 것이었지요. 유니박은 예상을 깨고 공화당 후보 아이젠하워의 당선 가능성이 높다는 결과를 내놓았어요. 여론 조사에서는 민주당 후보 스티븐슨의 지지율이 높았기 때문에 사람들은 뉴스를 믿지 않았어요. 과감하게 유니박의 예측을 보도한 CBS 방송사는 사람들의 조롱까지 받아야 했지요. 하지만 놀랍게도 대선은 아이젠하워의 승리로 끝났답니다.

사건·사고 깊이 파고들기

숨겨진 진실을 취재해서 많은 사람들에게 알리는 것도 언론의 의무예요. 특히 사건이나 사회 현상을 깊이 있게 취재해서 보도하는 것을 '심층 보도'라고 해요. 그럼 어떻게 취재해야 '깊이 있게' 취재하는 걸까요?

첫째, 숨겨진 사실을 샅샅이 파헤치는 거예요. 이를테면 정정당당하다고 믿었던 운동 경기가 사실 승패나 점수를 조작한 승부였다는 사실을 밝혀낸 뉴스들이 종종 보도되지요.

둘째, 사실과 사실 사이의 연관성을 찾는 보도입니다. 전혀 관련이 없을 것 같은 사건들에 숨은 연결고리를 찾는 것이지요. 이를테면 태어나는 아이들이 점점 줄어 인구가 급감하는 것과 나라의 복지 정책, 기업의 근무 환경이 어떤 상관이 있는지 추적해 볼 수 있어요.

뉴스 생생하게 살리기

뉴스를 효과적으로 전달하려면 영상 자료나 사진을 같이 곁들이면 좋겠죠? 그래서 뉴스를 취재할 때는 사진 기자와 촬영 팀이 함께하기도 해요. 특히 TV 뉴스에서는 영상 자료가 아주 중요하지요.

백 마디 말보다 사진 한 장!

때로는 보도 사진이나 영상이 기사보다 더 큰 힘을 드러내요. 긴박한 사건·사고 현장의 순간을 기록한 보도 사진은 사람들의 기억에 강렬하게 남거든요. 또 의미심장한 보도 사진 한 장은 사람들의 반응을 끌어내서 역사를 바꾸기도 합니다. 보도 사진과 영상은 현장의 생생함을 전달할 뿐 아니라, 세상에 대한 시각을 갖게 하지요. 주로 쓰는 촬영 도구로 디지털카메라나 비디오카메라가 있어요. 요즘에는 촬영용 드론을 적극 활용하기도 하지요.

언론계의 노벨상 '퓰리처상'

미국 퓰리처 재단에서 수여하는 보도·문학·음악상이에요. 언론인 J. 퓰리처의 유언대로 1917년부터 수상자를 선정해 왔지요. 1972년 보도 사진 부문 수상작인 닉 우트 기자의 〈전쟁의 공포 The Terror of War〉는 베트남전에서 미국의 폭격으로 몸에 화상을 입고 겁에 질린 채 달리는 알몸의 소녀를 찍은 장면이에요. 이 사진에 담긴 전쟁의 참혹함은 세계인에게 큰 충격을 줬지요. 결국 미국은 전쟁 반대를 외치는 사람들의 목소리에 못 이겨 베트남전에서 철수하고 말았답니다.

취재의 기본, 인터뷰하기

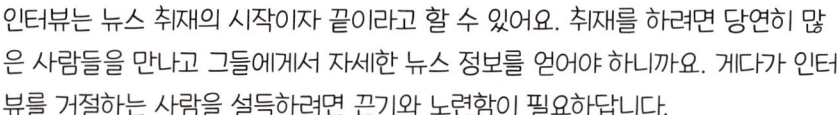

인터뷰는 뉴스 취재의 시작이자 끝이라고 할 수 있어요. 취재를 하려면 당연히 많은 사람들을 만나고 그들에게서 자세한 뉴스 정보를 얻어야 하니까요. 게다가 인터뷰를 거절하는 사람을 설득하려면 끈기와 노련함이 필요하답니다.

인터뷰가 뭐야?

인터뷰는 목적을 가지고 개인이나 단체를 만나 정보를 수집하고 이야기를 나누는 거예요. 인터뷰는 직접 만나서 할 수도 있고, 얼굴을 보지 않고도 할 수 있어요. 전화로 묻고 답하거나, 편지 또는 이메일로 주고받을 수도 있으니까요. 여러 기자를 모아 놓고 한 번에 질문을 받고 답하는 기자 회견도 인터뷰의 하나예요.

어떤 사람들을 인터뷰해야 할까?

인터뷰는 뉴스의 신뢰도를 높여 줍니다. 현장을 생생하게 지켜본 목격자의 증언이 특히 그렇지요. 무엇보다 진실을 밝히는 심층 보도에 꼭 필요한 취재입니다. 사건 현장의 관계자라면 증인이 될 수 있고, 전문가가 하는 말이라면 뉴스의 전문성을 더해 주니까요.

인터뷰는 사건·사고 또는 주요 정책과 관련된 인물, 저명한 사람이나 화제가 되는 인물들을 대상으로 진행해요.

인터뷰 준비하기

인터뷰를 하려면 사전 준비를 잘해야 합니다. 어떤 방향으로 기사를 쓸지 정하고, 그에 맞는 질문을 준비합니다. 특히 인터뷰 대상자에게 신뢰감을 주는 것이 중요해요. 자신에 대해 아는 것 하나 없는 기자에게는 마음속에 있는 이야기를 잘 꺼내지 않을 테니까요. 그러니 인터뷰하기 전에 관련 자료들을 많이 조사하고 가는 것이 좋겠죠?

인터뷰를 시작하면 질문할 때는 간결하게 묻고, 상대방의 말에 경청하는 태도를 가져요. 인터뷰할 장소는 대상자와 상의해서 결정하되 가능한 상대의 의견을 존중하는 것이 좋겠지요. 대화 내용을 녹음할 때는 꼭 상대방의 동의를 구해야 한답니다.

뉴스 취재하기 실전편

오신속 기자의 하루

진짜 신문 기자의 하루는 어떨까요? 함께 따라가 봐요!

08:00
경찰서로 출근해요. 경찰서에 가면 밤새 있었던 사건·사고들을 알 수 있거든요. 기자들마다 출입처가 정해져 있어요. 청와대, 법원, 국회 등에도 담당 기자실이 마련되어 있지요.

"좋은 아침입니다!"

09:30
회사에 아침 보고를 해요. 취재할 만한 사건·사고 소식을 전하고, 취재하고 싶은 주제에 대해 보고하지요.

"부장님, 이건 어떠세요?"
"뭔데?"

10:00
신문사에서는 편집국장과 여러 부장들이 모여 편집 회의를 해요. 신문에 어떤 뉴스를 싣고, 어떻게 구성할지에 대해 정해요.

"오 기자, 아까 말했던 취잿거리 말이야."
"나도 찬성!"

"부장님, 제가 요즘 파고 있는 사건인데요. 특종감이지 않습니까?"

"흠..."

19:00
기획 회의를 해요. 매일 일어나는 새로운 사건·사고 말고, 보다 깊고 자세히 속사정을 알 수 있는 뉴스를 만들 계획을 세우는 거예요.

15:30
취재한 내용을 정리해 뉴스 기사를 작성해요. 아무리 늦어도 5시까지는 꼭 기사를 완성해서 신문사에 전송해야 해요. 그렇지 않으면 내일 신문에 기사를 실을 수 없으니까요.

"뭐라고? 또 사건이 터졌어?!"

"네, 오 기자님. 그 찻집에서 뵙지요."

11:00
편집 회의가 끝나고 보고했던 뉴스들의 취재 허락이 떨어지면 취재에 나서요. 취재를 위해 사건·사고와 관련된 사람들과 약속을 정하고, 인터뷰하기 전 자료를 확인해요. 기자에게 기자 수첩과 스마트폰, 노트북은 없어선 안 될 필수품이죠.

"이 작가님, 이따 2시 인터뷰 잊지 않으셨죠?"

3단계 모두에게 알리기

취재는 새로운 사실을 알아내는 과정이고,
보도는 취재한 사실을 사람들에게 알리는 과정이에요.
그러니까 취재가 뉴스를 찾는 것이라면
보도는 뉴스를 제작하는 것이지요.
뉴스를 보도하려면 먼저 기사부터 써야 해요.
열심히 발로 뛰고 분석하며 취재한 내용을
이제 멋진 기사로 작성해 봐요.
하지만 지켜야 할 규칙이 있어요.
이 규칙에 맞춰 써야 믿음직한 뉴스가 되거든요.
물론 뉴스를 어떤 매체에 싣느냐에 따라
기사를 쓰는 방식도 달라진답니다.
취재한 뉴스를 어떻게 써야 사람들의 시선을 끌 수 있는지
함께 알아봐요.

보도 매체 결정하기

매체는 뉴스를 담는 그릇과 같아요. 어떤 그릇에 담느냐에 따라 뉴스의 꼴도 달라지지요. 예전에는 뉴스 매체의 종류가 단순했지만 오늘날에는 무선 통신과 휴대 전자 기기의 발달로 아주 다양해졌답니다.

어디에 뉴스를 담을까?

뉴스를 취재했으면 사람들에게 알려야겠지요? 자신이 알고 있는 정보를 다른 사람에게 전달하는 도구나 방법을 가리켜 '매체' 또는 '미디어'라고 해요.

인류에게 최초의 매체는 몸짓이었을 거예요. 여기서 엄청난 발전이 일어납니다. 언어를 쓰게 된 것이지요. 말과 글이라는 매체를 만들면서 인류 문명은 빠르게 발전할 수 있었어요.

매체 가운데 많은 사람에게 동시에 대량의 정보와 의견을 전달하는 것을 '대중 매체'라고 해요. 가장 먼저 등장한 대중 매체는 신문이에요. 15세기 독일에서 처음 만들기 시작했지요. 그 뒤 라디오, 텔레비전, 인터넷까지 다양한 대중 매체가 등장했어요.

바위그림

필사

라디오

매체 종류 고르기

인쇄 매체는 가장 오래된 대중 매체예요. 기사를 종이에 인쇄해서 전달하는 신문이 대표적이지요. 언제나 손쉽게 펼쳐 읽을 수 있으며 깊이 있는 보도를 할 수 있는 매체입니다. 잡지는 물론, 책도 인쇄 매체의 하나라고 할 수 있어요.

신문

텔레비전

영상 매체의 대표는 텔레비전이에요. 신문과 달리 현장의 생생한 모습을 영상으로 전달할 수 있고 뉴스를 빠르게 알릴 수 있어요. 하지만 말로 전하는 매체여서 신문보다 깊이 있는 보도는 어려워요. 텔레비전은 뉴스뿐만 아니라 오락 기능도 지니고 있지요.

21세기에 들어서면서 뉴스를 인터넷 공간에 담는 언론사들이 늘어났어요. 신문이나 방송보다 빠르게 전달할 수 있을 뿐더러 깊이 있는 글도 담을 수 있지요. 신문 지면이나 방송처럼 기사를 담아 낼 공간이 제한되어 있지 않으니까요. 인터넷은 글은 물론이고 영상도 얼마든지 전할 수 있어요.

인터넷

무선 통신과 휴대 전자 기기의 발달로 스마트폰이 널리 사용되면서 소셜 미디어의 활약도 대단해요. 지금도 계속해서 진화하고 있는 매체이지요. 이전 매체들이 사람들에게 일방적으로 뉴스를 전달했다면, 소셜 미디어는 서로 소통할 수 있으며, 누구나 뉴스를 전달할 수 있다는 장점이 있어요.

소셜 미디어

뉴스 기사 쓰기

뉴스 기사는 알리려는 의도와 핵심 내용을 아주 간단하고 분명하게 전달하는 글이에요. 읽는 사람의 입장을 배려하여 눈과 귀에 쏙쏙 들어오는 기사로 만들려면 어떻게 쓰는 게 좋을까요?

육하원칙 지키며 쓰기

뉴스 기사를 쓸 때 꼭 지켜야 하는 것은 바로 '육하원칙'입니다. '누가, 언제, 어디서, 무엇을, 어떻게, 왜'라는 물음에 맞춰 작성해야 하지요. 일어난 사건을 간추리는 가장 알맞은 방식이고, 독자나 시청자들에게 가장 효율적으로 소식을 전할 수 있기 때문이에요.

독자 또는 시청자 생각하며 쓰기

뉴스를 전달받는 사람은 성별도, 나이도, 관심사도 모두 다 달라요. 그중에는 전문가들도 있지만, 대부분은 일상생활에 바쁜 평범한 사람들이지요. 그래서 가능하면 쉽고 친절하게 뉴스 내용을 전달해야 합니다. 전문 용어는 풀어 쓰거나 설명을 붙이는 것이 좋아요.

짧고 간결하게 쓰기

기사는 짧고 간결하게 써요. 특히 한 문장에 접속사를 쓰면서 여러 내용을 담으면 읽기가 산만해져서 정보 전달을 방해해요. 그럴 때에는 여러 문장으로 나눠 쓰는 것이 좋아요. 한 문장에 하나의 의미만 담는 거예요.

정확하게 쓰기

기사는 진실이 생명이에요. 무엇보다 정확하게 써야 합니다. 확인되지 않은 내용을 기사에 담아서는 안 돼요. 취재하고 검증해서 써야지요. 누군가의 말을 인용할 때도 직접 당사자에게 들어야 하고, 기사 출처도 분명하게 밝혀야 합니다. '정확'하고 '명확'하며 '간결'한 기사 작성 원칙을 '3C(correct, clear, concise)'라고 해요.

뉴스의 핵심 잘 드러나게 쓰기

사건을 뉴스로 만들 때 가장 중요한 것은 핵심입니다. 뉴스 기사를 쓸 때 어떤 이유로 취재하고 보도하려 했는지 잘 생각해 본다면 어렵지 않을 거예요. 기사를 다 쓴 후에도 전달하려는 핵심이 잘 담겼는지 다시 점검해 보도록 해요.

기사의 생명은 제목에 있다!

뉴스 기사에서 가장 중요한 것은 제목이에요. 제목에서 사람들의 관심을 끌지 못하면 아무도 보지 않는 뉴스 기사가 될 수도 있으니까요.

기사 다듬기

기사를 다 썼으면 다시 한 번 읽어 보며 맞춤법에 어긋나거나 잘못 쓴 표현은 없는지 살펴요. 뉴스는 많은 사람에게 영향을 미치기 때문에 바르고 정확한 우리말 표현을 써야 해요.

5세 어린이 인형 뽑기 기계에 갇혀…

어제 오후 4시, 서울시 마포구 합정동 부근 한 상점에서 인형 뽑기 기계 안에 정○○ 군(5)이 갇히는 1)넘나 황당한 사건이 일어났다. 정 군은 형과 인형 뽑기를 하다가 자신이 원하는 인형을 뽑지 못하자 직접 좁은 출구로 몸을 집어넣어 기계 안으로 들어가려고 시도했다. 결국 이 과정에서 기계 안에 갇히는 아찔한 사고가 벌어졌다. 2)그러나 정말 다행스럽게도 인근 서교119 안전센터 구조대원들이 재빨리 현장에 도착해 무사히 정 군을 구출했다. 현장에 함께 있던 형 정○○ 군(11)은 동생이 몸집이 작아 가능할 거라고 생각해 이런 일을 3)벌였다며, 앞으로 잘 돌볼 것이다.

바른말 쓰기
한글맞춤법에 따른 표기와 띄어쓰기를 지켜요. 비속어나 줄임말, 사투리 등은 되도록 쓰지 않는 게 좋아요.

수식어 사용 줄이기
문장을 간결하게 쓰는 것이 좋아요. 불필요한 접속사나 수식어는 빼고 '다행히' 정도로 줄여 써요.

주어와 서술어가 통하게 쓰기
주어와 서술어가 어울리지 못하면 문장이 어색해져요. 형의 말을 전하는 것이므로 '잘 돌보겠다고 말했다.'로 고쳐요.

올봄 미세 먼지로 푸른 하늘 보기 힘들어…

올봄, 황사와 미세 먼지가 더욱 강력해질 것으로 1)전망했다. 봄이 되면 고비 사막과 내몽골 고원에서 강한 북서풍을 타고 모래바람이 날아온다. 그런데 몇 년간 중국 고비 사막과 내몽골 지역에 가뭄이 이어져, 더욱 강력한 황사를 일으킬 것이라고 2)전망했다. 거기에 중국에서 날아오는 미세 먼지 농도도 점점 높아지고 3)있는 것 같다. 또 자동차 매연과 화력 발전소도 미세 먼지를 발생시키는 것으로 알려졌다. 4월까지는 중국의 난방이 이어질 수 있어 고농도 미세 먼지는 좀처럼 줄어들지 않을 전망이다. 미세 먼지로 인해 4)시정 거리가 10킬로미터 이하로 줄어드는 날도 잦아질 예정이라고 전했다. 중국발 미세 먼지는 앞으로도 계속 우리나라에 악영향을 줄 가능성이 크다고 전망하고 있다. 정부는 하루빨리 효과적인 미세 먼지 대책을 5)실행시켜야 할 것이다.

인용 출처 정확하게 밝히기
다른 사람이나 기관의 주장, 의견을 가져올 때는 출처를 정확하게 밝혀 기사의 신뢰도를 높여요.

반복되는 말 다른 말로 바꾸기
같은 말이 여러 번 반복되는 글은 단조롭고 지루한 느낌을 줘요. 전문성이 부족해 보이기도 하지요. 그러므로 반복되는 말을 써야 할 때는 비슷한 뜻을 가진 다른 단어로 바꿔 써요.

정확한 사실 전달하기
기사는 공정하고 진실한 사실만을 담아야 해요. 정확한 수치나 정보를 전달하되, 추측이나 의심하는 느낌의 문장은 사용하지 않도록 해요.

어려운 전문 용어는 설명 달기
과학, 경제 등 전문 분야에 대해 쓸 때는 일반 사람들이 모르는 전문 용어가 많으므로 되도록 친절하게 풀어 쓰는 것이 좋아요.

능동형 문장 쓰기
우리말은 주로 능동형 표현을 써요. '-되다', '-시키다' 같은 피동형과 사동형 문장은 외국식 표현에서 비롯된 것이 많아요.

헷갈리는 우리말

-되/-돼 의사가 되고 싶다. | 자라서 의사가 됐다(되었다).

'돼'는 '되어'의 준말이므로, 되다 사이에 어를 붙였을 때 이상하지 않은 경우에 '돼'를 써요.

-대/-데 슬기가 그랬대. | 슬기가 그러는데

'-대'는 직접 경험한 사실이 아니라 남이 말한 내용을 간접적으로 전달할 때 써요.
'-데'는 화자가 직접 경험한 사실을 나중에 보고하듯이 말할 때 쓰이는 말로 '-더라'와 쓰임이 비슷해요.

안-/않- 안(아니) 할 거야. | 그 일을 하지 않았어(아니했어).

'안'은 '아니'의 준말이에요.
'않'은 '아니하다'가 쓰일 자리에 쓸 수 있어요.

-(으)로서/-(으)로써 저는 학생회장으로서 | 쌀로써 떡을 만들어

'-로서'는 지위나 신분, 자격을 나타낼 때 써요.
'-로써'는 어떤 일의 수단이나 도구로 쓰일 때 써요.

낫다/낳다 빨리 감기 나아. | 고양이가 새끼를 낳았어.

'낫다'는 병이나 상처 따위가 회복된 것을 뜻해요.
'낳다'는 '알이나 새끼를 몸 밖으로 내놓다', '어떤 일의 결과를 이루다'라는 뜻으로 써요.

에요/예요 책상이에요. | 나무예요.

'예요'는 '이에요'의 준말이에요. 주로 받침이 없는 단어 뒤에 오면 '예요'로 써요. 그러므로 '이예요'는 틀린 표기법이에요.

자주 틀리는 맞춤법

곧 갈께(×)	곧 **갈게**(○)
오랫만에 보는 친구(×)	**오랜만**에 보는 친구(○)
금새 사라졌어(×)	**금세** 사라졌어(○) : '금시에'가 준 말이에요.
웬지 이상해(×)	**왠지** 이상해(○) : '왜인지'가 준 말이에요.
몇일(×)	**며칠**(○)
설겆이(×)	**설거지**(○)
저는 운동도 잘하구요(×)	저는 운동도 잘**하고요**(○)
염두하고 있을게(×)	**염두에 두고** 있을게(○)
옥의 티(×)	**옥에** 티(○)
뗄래야 뗄 수 없다(×)	**떼려야** 뗄 수 없다(○)
하던지 말던지(×)	하**든지** 말**든지**(○)
미소를 띄다(×)	미소를 **띠다**(○)
덤탱이를 썼어(×)	**덤터기**를 썼어(○)
얼굴이 헬쓱하네(×)	얼굴이 **해쓱하네**(○)
얼레리꼴레리(×)	**알나리깔나리**(○)
걔는 너무 찌질해(×)	걔는 너무 **지질해**(○)

오 기자는 지질하게 이런 것도 틀리는 거야?

외래어는 우리말로 바꿔 쓰자

가이드 ⋯ **안내자**	땡깡 ⋯ **투정**	오뎅 ⋯ **어묵**
기스 ⋯ **흠**	마진 ⋯ **이윤**	유도리 ⋯ **융통성, 여유**
곤색 ⋯ **감색, 검남색, 진남색**	바캉스 ⋯ **휴가**	잉꼬 부부 ⋯ **원앙 부부**
네티즌 ⋯ **누리꾼**	세일 ⋯ **할인 판매**	트렌드 ⋯ **경향, 추세**
노하우 ⋯ **비법**	셰프 ⋯ **요리사, 주방장**	파티 ⋯ **연회, 잔치**

신문 1면은 어떻게 구성할까?

1면 상단에는 그날 가장 중요한 뉴스가 실려요. 신문사마다 구성은 조금씩 다르지만 기본적으로 이와 같은 짜임을 이루고 있지요.

제호 신문 이름

돌출 광고 툭 튀어나온 광고

토토일보

창간일 2002년 5월 30일 창간 | **판수** 하루 인쇄 횟수 5판 | 제1234호 **호수** 오늘까지 발행한 횟수 | 2017년 5월 9일 화요일 **발행일** 신문이 발행된 날짜

헤드라인 단어 몇 개로 간략하게 중요한 정보만 전달해요.

19대 대통령 한민국 후보 당선

기사 헤드라인, 대제목, 소제목, 본문 순으로 구성돼요. 기사의 어투는 주로 반말로 작성해요. 전문 또는 요약문이라고 하는 리드는 기사의 핵심 내용을 요약한 첫 문장이에요. 리드로 독자의 시선을 끌어야 하지요.

대제목 기사 내용을 짧게 요약하여 정리해 줘요.

51.6% vs 47.9%로 당선
"국민이 먼저인 대통령 될 것" 대국민 메시지 전달

소제목 기사가 다루는 주제에서 두 번째로 중요한 정보를 알려줘요.

2017년 5월 9일 대한민국 제19대 대통령으로 한민국 더불어의리당 후보가 당선되었다. 한민국 대통령 당선인은 새나라국민의당 나한표 후보를 40만 표 차이로 꺾고 당선을 확정지었다. 선관위는 오전 8시 전체 위원회의를 열어 제19대 대선 개표 결과에 따라 한민국 더불어의리당 후보를 대통령 당선인으로 공식 확정했다. 외신들도 "새로운 정치에 대한 국민들의 열망이 한 당선인을 대통령으로 만들었다"고 전하며 새 대통령에 대한 기대를 내비쳤다.

| 기획 기사 | 인구 감소 이대로 괜찮나?_18면
| 은반 위의 요정 은빛나 선수 인터뷰_23면

띠 안내 중요 기사가 나온 면을 안내해요.

광고 광고주가 제품이나 사업 행사를 홍보하기 위해 비용을 내고 싶어요. 공공의 이익과 복지를 위해 사회 문제들을 설득력 있게 호소하는 공익 광고를 싣기도 해요.

TV 뉴스는 어떻게 만들어질까?

방송 뉴스 역시 시청자들에게 전달하기 위해 많은 준비가 필요해요. 사람들이 가장 많이 시청하는 시간대인 오후 8시부터 9시에 시작하는 뉴스가 어떻게 보도를 준비하는지 같이 알아볼까요?

08:00
뉴스 앵커, 편집국장, 각 부서의 부장, 기자들이 모여 작성한 취재계획서를 살핍니다.

09:00
보도국 전체가 토론을 하고, 뉴스 주제를 고릅니다. 뉴스 한 편의 길이는 약 3분이며, 1초 단위까지 정확히 계산해요. 정해진 주제를 목록으로 만들고, 그 목록에 따라 뉴스를 만들지요.

14:00
주요 뉴스 취재에 기자, 카메라맨, 녹음 기사와 함께 나가 현장 상황을 취재합니다. 뉴스와 관련된 사람들을 차례로 인터뷰하기도 하지요.

15:00
편집부에서 편집 기자와 편집 기사가 영상을 골라내고 편집합니다. 기자는 영상에 입힐 기사를 쓰고 녹음합니다. 음향 담당은 영상에 소리를 입힙니다. 보조 기사는 사람 이름 등 화면에 나갈 자막을 준비합니다.

 **17:00**

오후에 다시 한 번 편집 회의를 열어 방송에 나갈 최종 뉴스를 결정합니다. 준비가 부족한 기사는 방송이 미뤄질 수도 있고, 짧은 기사에서 특종을 발견하기도 합니다.

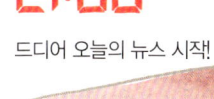 **18:00**

앵커는 완성된 기사가 들어오는 대로 살펴봅니다. 그리고 각 기사를 소개하기 위한 짧은 글을 작성해요. 뉴스에서 하는 말은 미리 준비한 것이지요.

20:15

앵커는 방송이 시작되기 전에 화장을 합니다. 시청자들에게 또렷하고 믿음직한 인상을 주기 위해서예요.

21:00

드디어 오늘의 뉴스 시작!

시청자 여러분, 안녕하십니까.

세상에 이런 별별 미디어

소셜 미디어는 독자나 시청자가 뉴스를 전달받기만 하던 입장에서 벗어나 직접 뉴스 생산자가 될 수 있는 '1인 미디어 시대'를 열었답니다. 어떤 흥미로운 소셜 미디어가 있는지 한번 살펴볼까요?

원조 1인 미디어, 블로그

- 블로그는 자신의 관심사에 따라 자유롭게 칼럼, 일기, 취재 기사 따위를 올리는 웹 사이트예요. 글과 사진, 동영상을 얼마든지 올릴 수 있고, 링크를 통해 자세한 자료까지 덧붙일 수 있어요.

소셜 미디어가 크게 성장하게 된 데에는 블로그의 공이 아주 커요. 과거에는 기자 시험을 보고 언론사에 들어가야만 취재 활동을 할 수 있었지만 이제는 블로그 덕에 다른 직업을 선택하면서도 얼마든지 언론 활동을 할 수 있게 됐어요. 내 블로그를 찾는 사람이 많아지면 '파워 블로거'가 되어 영향력도 갖지요.

서로 소식을 전하고, 함께 의견을 나누는 소셜 미디어

- 트위터는 개개인이 취재한 내용을 실시간 짧은 글로 올릴 수 있어요. 영향력도 커서 트위터를 '사회적 방송 네트워크(Social Broadcast Network)'로 정의하는 사회학자가 있을 정도예요.
- 페이스북은 사람들이 인맥을 만들어 자신의 일상과 생각을 나누는 공간이지만, 많은 사람들이 광범위하게 연결되어 있기 때문에 뉴스를 생산하고 전달하는 데 큰 힘을 발휘해요.

- 유튜브는 직접 제작한 동영상을 올려 전 세계 사람들과 함께 볼 수 있어요.

신문이나 방송 같은 기존 뉴스 미디어들도 소셜 미디어를 적극 활용하고 있어요. 2017년 영국에서 지하철 테러가 일어났을 때, 시민들이 휴대 전화로 찍은 사진과 영상을 신문사와 방송사에 실시간으로 제보한 덕분에 사건을 신속하게 보도할 수 있었답니다.

인기 뉴스를 모아 주는 큐레이팅 미디어

- 허핑턴포스트, 인사이트 등은 다양한 사람들이 한 블로그에 소식과 정보를 올려 꾸미는 블로그 뉴스예요. 특히 허핑턴포스트는 약 700명의 기자와 4만 명의 블로거 등이 활약하고 있지요.
- 피키캐스트는 최근 인기 뉴스와 유행, 유용한 오락 정보들을 재구성해 보여 주는 미디어예요.

소셜 미디어의 등장으로 뉴스가 홍수처럼 쏟아지자 그 가운데 뉴스 가치가 있는 소식과 정보를 골라서 정리해 보여 주는 미디어가 생겨났어요. 미술관의 큐레이터처럼요. 그래서 '큐레이팅 미디어'라고 하지요. 이런 매체에 뉴스 생산자로 참여하고 싶다면 주의해야 할 것이 있어요. 남이 만든 뉴스를 허락받지 않고 쓰면 '뉴스 도둑질'과 마찬가지거든요. 미리 이용 허락을 받고 출처도 꼭 밝혀야 해요.

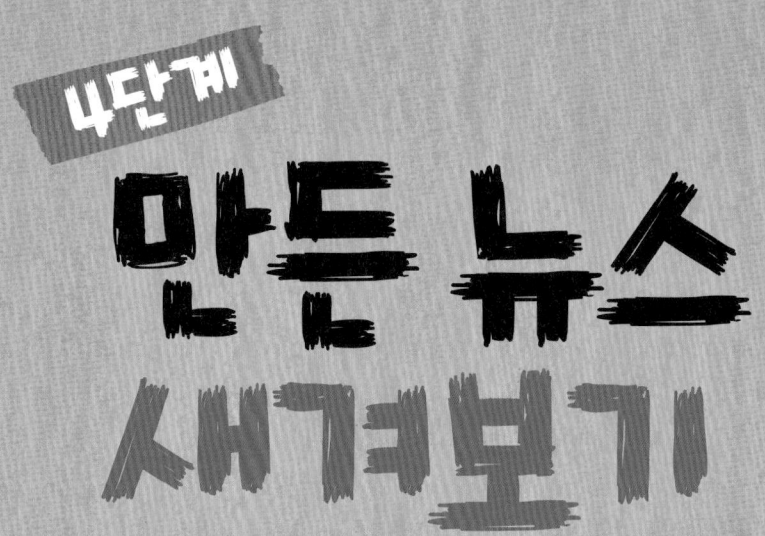
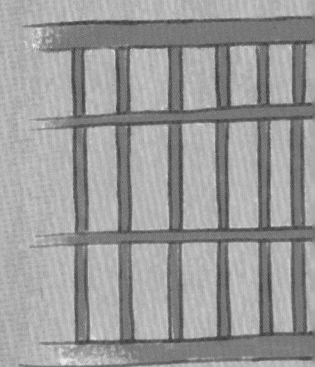

4단계

만든 뉴스 새겨보기

이리 뛰고 저리 뛰며 열심히 만든 뉴스를 사람들에게 알렸나요?
이제는 뉴스를 본 사람들의 반응을 알아볼 차례예요.
내가 만든 뉴스를 스스로 점검해 보고
어느 한쪽으로 치우친 보도는 아니었는지 들여다봐요.
뉴스는 엄청난 힘을 갖고 있어서
때로는 사람들의 생각과 행동을 휘두를 수 있거든요.
잘못된 정보나 공정하지 못한 뉴스로
사람들의 눈을 가리고 생각과 행동을 제한할 수 있으니까요.
또 신중하지 못한 보도로 피해를 입는 사람은 없는지 살펴야 하지요.

뉴스 반응 살피기

뉴스가 전해지면 사람들도 반응을 보여요. 뉴스는 사람과 세상 사이의 의사소통이니까요. 새로운 소식에 많은 사람들이 반응하고 의견을 모으는 것을 '여론'이라고 하지요. 여론이 모이고 모이면 나라의 중요한 결정을 뒤바꿀 수도 있어요. 세상을 변화시키는 뉴스의 힘에 대해 알아볼까요?

뉴스를 제대로 알렸을까?

지금 이 순간에도 곳곳에서 크고 작은 사건·사고가 일어납니다. 그러나 이 많은 일들을 다 알아야 할 필요는 없어요. 단, 우리 삶에 정말 중요한 일, 정말 궁금한 일이라면 이야기가 달라집니다. 언론이 필요한 이유가 바로 여기에 있지요.

사실 중요한 소식들조차 속속들이 뉴스로 전하기는 어려워요. 신문 지면이나 방송 시간이 제한되어 있으니까요. 그래서 언론사는 제일 중요하다고 여기는 소식을 신문 1면 머리기사나 첫 뉴스로 보도하지요. 그 뉴스가 여론을 형성하고요.

언론이 주요 뉴스를 제대로 보도했는지 짚어 보는 일이 바로 '뉴스 새겨보기'입니다. 이 과정은 앞으로 더 좋은 뉴스를 만들기 위해서도 꼭 필요하지요.

사람들의 반응은 어떨까?

과거 왕이 지배하던 시대에는 여론을 모으기 어려웠어요. 자신의 생각을 자유롭게 말하기 어려웠고, 교통과 통신 기술이 발달하지 못해서 사람들끼리 소통하기가 쉽지 않았지요.

하지만 오늘날, 나라의 주인이 국민으로 바뀌면서 달라졌어요. 나라를 움직이는 힘은 국민의 뜻인 여론이 되었지요. 언론사는 여론을 모아서 이를 사회에 반영할 수 있게 돕는 역할을 해요. 언론이 정치의 잘잘못을 담은 뉴스를 집중 보도하면 한 나라의 대표자인 대통령도 국민에게 고개 숙일 수밖에 없답니다.

언론의 책임을 다한 뉴스일까?

과거에는 모두가 알아야 할 중요한 일이라도 힘 있는 신문사와 방송사가 보도하지 않으면 제대로 알기 어려웠어요. 그래서 많은 사람들에게 진실을 알리는 것이 언론의 사명이었지요.

그러나 인터넷과 소셜 미디어가 빠르게 성장하면서 개인이 자유롭게 뉴스를 전할 수 있고 여론을 모을 수 있게 됐어요. 또한 기존 언론이 제 역할을 다하지 못할 때는 강하게 비판할 수도 있게 됐지요. 여론의 따가운 비판은 언론이 지켜야 할 책임을 다할 수 있도록 이끌어 준답니다.

뉴스를 만드는 시각 짚기

언론은 여론을 만들 수 있는 큰 힘이 있어요. 그런 만큼 이를 악용하려는 사람들도 생겨나지요. 반대로 언론의 보도로 피해를 입는 사람들도 있답니다. 어느 편에도 치우치지 않는 공정한 뉴스를 만들기 위해서 어떻게 해야 할까요?

언론의 역할을 바로 알자

언론은 사람들이 궁금해하거나 알아야 할 소식을 전합니다. 그리고 무엇보다 공정하고 날카로운 시선으로 사회 질서를 지키는 파수꾼 역할을 맡고 있어요. 우리가 언론의 말을 신뢰하는 것은 이러한 이유 때문이에요.

언론은 여론을 만들어 나랏일을 휘두를 수 있을 만큼 큰 힘을 가지고 있기 때문에 언론의 힘을 빌리려는 세력들도 많아요. 그래서 한쪽에 치우치지 않고 중심을 지키는 일이 아주 중요해요.

언론의 자유를 지키자

더 많은 돈과 권력을 거머쥐려는 사람들은 어떻게든 언론을 자신의 편으로 만들고 싶어 해요. 이들은 언론이 부패한 정치인의 흔적을 파헤치고, 법질서를 지키지 않는 기업들의 파렴치함을 들추는 것을 싫어하지요. 그래서 언론을 억압하거나, 언론사의 주된 수익인 광고를 일부러 내지 않아서 운영을 어렵게 만들기도 해요.

민주주의 국가에서는 이러한 일을 막기 위해 언론의 자유를 헌법으로 보장하고 있어요. 언론의 자유가 보장되어야 사람들에게 적극적으로 진실을 알릴 수 있으니까요. 물론, 언론을 지켜보는 독자·시청자들도 언론에 적극적으로 의견을 전달하고, 언론이 중심을 잃지 않도록 감시해야겠지요?

기자 윤리를 지키자

기자가 지켜야 할 기본 윤리는 누가 뭐래도 진실과 공정입니다. 언론학자들은 기자의 일이 '목소리 없는 사람들의 목소리'를 대변하는 것이라고 강조합니다. 정치·경제계에서 큰 힘을 가진 사람들의 목소리는 크잖아요? 그러니 균형을 맞추려면 누군가는 사회적 약자의 목소리를 대변해야겠지요. 그것이 바로 언론이 해야 할 일입니다. 언론이 진실하고 공평하게 목소리 없는 사람들의 목소리를 담을수록 그 사회는 더 행복하고 정의로운 세상이 되겠지요. 좋은 뉴스는 우리가 살아가는 세상을 보다 더 아름답게 만듭니다.

언론 때문에 피해를 입으면 어떡하죠?

언론 보도로 인해 일어나는 다툼을 조정하는 기구인 '언론중재위원회'가 있어요. 뉴스 보도로 피해를 입은 사람들을 돕고, 보도한 기사를 정정하게 하지요. 또 언론이 개인 또는 단체의 명예를 훼손하거나 사생활을 침해하지는 않는지, 국가 안전이나 사회 질서를 위협하지 않는지도 감시해요. 특히 선거 기간에는 선거 관련 보도를 공정하게 하는지 유심히 살핀답니다.

뉴스의 힘을 보여 준 별별 사건

사람들은 뉴스라는 단어 하나만으로도 관심을 가지고 신뢰해요. 그래서 뉴스에 진실을 담든 거짓을 담든 큰 영향력을 갖게 되지요. 이런 뉴스의 엄청난 힘은 역사 속에서도 쉽게 찾을 수 있어요. 뉴스가 얼마나 큰 영향력을 가졌는지 살펴볼까요?

사건 번호 1 화성인이 지구를 침공했다!

1938년 10월 30일 저녁, 미국의 CBS 라디오에서 속보가 들려왔어요. 화성인이 지구를 침공했다는 뉴스였지요! 사람들은 충격에 휩싸여 피난 짐을 싸고, 총을 들고 거리로 달려 나가는가 하면, 심지어 자포자기하는 마음으로 죽음을 택하려고도 했어요. 방송국은 여기저기서 빗발치는 전화로 마비 상태가 되었지요.

그러나 이 모든 게 라디오 드라마를 오해해 벌어진 소동이었답니다. 극작가인 오손 웰스가 조지 웰스의 작품 〈우주 전쟁〉을 각색하면서 극적인 재미를 더하기 위해 드라마 중간에 화성인 침공이라는 뉴스 속보를 끼워 넣고 실감 나는 효과음을 더했던 거예요. 당시에는 그런 연출이 흔하지 않았기 때문에 사람들이 깜빡 속고 만 것이지요. 이 사건은 다음 날 여러 신문 1면을 뒤덮은 머리기사가 되었답니다!

언론의 입 틀어막기

사건 번호 2

1910년, 일본은 끝내 대한 제국을 무너뜨리고 조선 총독부를 세워 무자비한 지배를 시작했어요. 언론을 통제한 것은 말할 것도 없었지요. 당시 언론은 국제 정세에 어두운 사람들에게 나라 안팎의 소식을 전하고, 새로운 문물과 사상을 가르쳤으며, 독립 의식을 일깨우는 중요한 역할을 하고 있었어요. 그래서 일본은 사람들의 눈과 귀 역할을 하는 언론을 통제하면 조선을 쉽게 지배할 수 있을 거라고 생각했지요. 맘에 들지 않는 기사는 삭제하고, 언론인들을 끌고 가 고문했어요. 일제의 야만적인 통치가 최고조에 이르자 언론, 출판, 집회 활동을 비롯한 조선인의 대외적인 활동을 모두 금지시켰어요. 이는 인간의 자유와 알 권리를 빼앗는 잔인한 행동이었지요.

사건 번호 3 · 대중을 들었다 놨다, 언론 정치

독일의 히틀러는 제2차 세계 대전을 일으켰던 독재자예요. 히틀러가 몸담았던 나치 정당은 반유대주의와 게르만 우월주의를 내세워서 독일인들을 선동하고 나쁜 짓을 일삼았어요. 이때 600만 명에 이르는 유대인들이 억울하게 죽임을 당했지요. 나치 정권의 선전을 담당했던 괴벨스는 놀라울 정도로 대중을 잘 휘둘렀어요. 그는 언론을 정치 선전 도구로 영악하게 잘 이용했지요. 정치에 언론을 어떻게 이용할 수 있는지 몸소 잘 보여 줬어요. "언론은 정부의 피아노가 되어야 한다.", "대중을 가장 빠르게 뭉치게 하는 것은 증오심이다." 같은 말을 통해서요. 특히 "99개의 거짓과 1개의 진실을 적절히 배합하면 사람들은 처음에는 그것을 부정한다. 그러나 반복하면 나중에는 믿게 된다."라는 말은 거짓 정보가 사람들을 어떻게 현혹시킬 수 있는지 잘 알려 줘요. 괴벨스는 거짓과 현란한 말솜씨로 사람들의 마음을 빼앗았고, 나치의 흉악한 정치의식에 물들였어요.

세계가 가짜 뉴스에 깜빡 속아!

사건 번호 4

2016년 12월, 하마터면 지구에서 핵전쟁이 날 뻔했어요. 발단은 이스라엘 국방 장관이 파키스탄을 겨냥한 말 때문이었지요. 이 뉴스를 접한 파키스탄 국방 장관은 매우 화가 나서 자신의 트위터에 이스라엘에 보복 핵 공격을 할 것이라고 올렸어요.

그러나 이 뉴스는 가짜 뉴스를 주로 올리는 풍자 사이트에 올라온 것이었어요. 심지어 이스라엘 국방 장관의 이름도 틀렸고요. 사실을 제대로 확인하지 못한 파키스탄 국방 장관이 화를 참지 못해 벌어진 소동이었지요.

가짜 뉴스 문제는 이것만이 아니에요. 영국이 유럽 연합을 탈퇴한 브렉시트 사건과 미국의 트럼프 대통령 당선도 가짜 뉴스의 힘 때문이란 말이 있을 정도예요.

'가짜 뉴스'라니, 도대체 그게 뭐냐고요? 말 그대로 그럴 듯한 거짓말을 뉴스처럼 꾸며 알리는 거예요. 실제로 있지도 않은 언론사를 만들어 내거나 관련 인물들의 이름을 거짓으로 지어내는 것이지요. 또는 유명한 언론이 쓴 것처럼 꾸며서 사람들에게 혼동을 줘요. 재미로, 또는 정치적 목적을 가지고 사람들을 선동하기 위해 만드는 거예요. 가짜 뉴스는 기존 언론에 대한 불신과 SNS의 발달로 더욱 활발해지고 있어 주의가 필요해요.

모든 준비는 끝났다!

완성했어!

내 손으로 직접 뉴스를 만들어 보도하면서
진정한 언론인이 되었어요.
이제부터는 진짜 언론인으로서 지켜야 할 윤리를 지키며
세상을 바꿀 수 있는 뉴스를 만들도록 노력해 봐요.
좋은 뉴스는 사람들의 생각을 바꿀 수 있고,
그 힘으로 세상을 더욱 살기 좋게 변화시킬 수 있어요!

우듬지 포스트

생생 오늘 뉴스 | 짤막 뉴스 | 해외 소식 | 심층 취재 | 생활 꿀팁 | 날씨

토토초등학교 1학기를 책임질 전교 회장은 누가 될까?

5세 어린이 인형 뽑기 기계에 갇혀…

홍콩의 밤을 수놓는 오색찬란한 등불…

토토동 이○○ 씨 60cm 월척 붕어 잡아…

기획-초등 생활 꿀팁
발표가 무서워? 이렇게 극복하라!

슬기의 우듬지를 소개합니다!

오늘의 뉴스 | 날씨

올봄 미세 먼지로 푸른 하늘 보기 힘들어…
"나도 학생증이!" 토토초등학교 전교생 학생증 발급
5세 어린이 인형 뽑기 기계에 갇혀…

짧막 뉴스

서울 토토동 이○○ 씨 60cm 월척 붕어 잡고 기쁜 얼굴로 들어 보이고 있다. _토토 낚시터

해외 소식

오색찬란한 등불 홍콩의 밤을 수놓는다

심층 취재

토토초등학교 201○년 1학기를 책임질 전교 임원은 누가 될까?

각 후보 공약 비교
각 후보 지지율 사전 조사
전교 회장 후보 본격 인터뷰

정다운 학교 우리 학교! _ 기호 1번 손나눔
정의로운 학교로 만들겠습니다! _ 기호 2번 우주먹
숙제 없는 학교로 바꿔 나가겠습니다! - 기호 3번 도하라

초등 생활 꿀팁

**발표가 무서워?
남들 앞에 나서기가 무서운 당신, 이렇게 극복하라!**

실수할까 봐 걱정인가요? 머릿속이 새하얘진다고요?
염소 목소리가 나와서 울고 싶다면 지금 이 글을 읽어 보세요.

내가 만든 뉴스를 소개합니다!

호   년   월   일

오늘의 뉴스

주요 뉴스

용어 설명

국제연합식량농업기구 세계 곳곳의 식량 부족과 기아 문제를 개선하기 위해 노력하는 국제 연합 산하 기구.

각색 소설 같은 문학 작품을 희곡이나 시나리오로 고쳐 쓰는 일.

기구 많은 사람이 모여 어떤 목적을 위하여 구성한 조직이나 기관의 구성 체계.

문물 정치, 경제, 종교, 예술, 법률 따위의 문화에 관한 모든 것을 통틀어 이르는 말.

보도 대중 전달 매체를 통하여 사람들에게 새로운 소식을 알리는 일. 또는 그 소식.

봉수대 높은 산봉우리에 봉화를 올릴 수 있게 설치한 시설.

사막화 기후 변화 또는 무분별한 개발로 숲이 사라지고 점점 황폐한 사막처럼 변해 가는 현상.

사명 맡겨진 임무.

사상 어떠한 사물에 대하여 가지고 있는 구체적인 사고나 생각.

선동 남을 부추겨 어떤 일이나 행동에 나서도록 함.

선전 주의나 주장, 사물의 존재, 효능 따위를 많은 사람이 알고 이해하도록 잘 설명하여 널리 알리는 일.

씨족 원시 사회에서 흔히 찾아볼 수 있는 부족 사회의 기초 단위로, 같은 조상을 가진 혈연 공동체.

유대인 셈 어족으로 히브리어를 사용하고 유대교를 믿는 민족.

유럽 연합 유럽 경제와 사회 발전을 위해 유럽 27개국이 모여 만든 기구.

정세 일이 되어 가는 형편.

정책 공공 문제를 해결하기 위해 정부가 실행하고자 하는 방향이나 계획.

집회 여러 사람이 어떤 목적을 위하여 일시적으로 모임. 또는 그런 모임.

칼럼 신문, 잡지 따위에서 시사 문제나 사회 풍속 등에 대해 짧게 비평하는 글.

큐레이터 박물관이나 미술관에서 재정 확보, 유물 관리, 자료 전시, 홍보 활동 따위를 맡아 하는 사람.

헌법 여러 법 중에서 가장 기본이 되는 법으로, 한 국가를 다스리는 근본적인 원리를 담은 법.

토토 사회 놀이터
내가 뉴스를 만든다면?

초판 1쇄 2018년 2월 27일
초판 6쇄 2023년 11월 27일

글 손석춘 | 그림 이갑규
책임 편집 박선영 | 디자인 재미 | 마케팅 강백산, 강지연
펴낸이 이재일 | 펴낸곳 토토북 04034 서울시 마포구 양화로 11길 18, 3층(서교동, 원오빌딩)
전화 02-332-6255 | 팩스 02-6919-2854 | 홈페이지 www.totobook.com | 전자우편 totobooks@hanmail.net
출판등록 2002년 5월 30일 제10-2394호 | ISBN 978-89-6496-363-0 74300, 978-89-6496-257-2 74300(세트)

ⓒ 손석춘, 이갑규 2018

이 책은 저작권법에 의해 보호를 받는 저작물이므로 무단 전재 및 무단 복제를 금합니다.
잘못된 책은 바꾸어 드립니다.

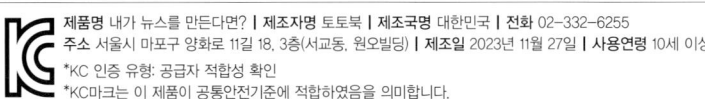